TANCRÈDE,

OPÉRA EN TROIS ACTES.

On trouve toujours chez Duvernois, Libraire, toutes les Pièces de Théâtre anciennes et nouvelles, et les Ouvrages nouveaux aussitôt leur mise en vente.

TANCRÈDE,

OPÉRA EN TROIS ACTES,

Paroles de M. Édouard d'Anglemont,

MUSIQUE DE M. ROSSINI,

Arrangée par M. Lemière de Corvey,

Représenté, pour la première fois, à Paris, sur le Théâtre royal de l'Odéon, le 7 Septembre 1827.

PRIX : 2 FRANCS.

PARIS,
CHEZ DUVERNOIS, LIBRAIRE,
COUR DES FONTAINES, N° 4,
Et Passage d'Henri IV, N°s 10, 12 et 1j.

*

1827.

A MADAME SCHÜTZ.

Edouard d'Anglemont.

Personnages.   Acteurs.

TANCRÈDE	⎫	Mme Schütz.
ARGIRE	⎬ Chevaliers.........	M. Lecomte.
ORBASSAN	⎭	M. Delaunay.

AMÉNAIDE, fille d'Argire......... Mme Pouilley.
ROGER, Écuyer de Tancrède....... M. V. Adolphe.
ISAURE, amie d'Aménaïde......... Mme Meyssin.
Premier Écuyer d'Argire.......... M. Masson.
Deuxième Écuyer d'Argire......... M. Hypolite.
Un Esclave..................... M. Rihoelle.
Chevaliers.
Écuyers, femmes, peuple, soldats.

La Scène est à Syracuse.

IMPRIMERIE DE CHAIGNIEAU FILS AÎNÉ,
Rue de la Monnaie, n. 11, à Paris.

TANCRÈDE,

OPÉRA EN TROIS ACTES.

ACTE PREMIER.

Le Théâtre représente une grande salle du palais d'Argire, soutenue par des colonnes.

SCÈNE PREMIÈRE.

ARGIRE, ORBASSAN, ISAURE, CHEVALIERS.

INTRODUCTION.

CHOEUR.

Régnez dans cette ville,
Justice, honneur ;
Que la discorde civile
Eteigne enfin sa fureur.

ISAURE, *aux chevaliers.*

(Elle leur présente des écharpes blanches.)

De nos mains prenez ce gage (*bis*) :
Cette écharpe est le présage
D'un avenir sans nuage.
Soyez, soyez unis : qu'heureuse pour toujours,
Syracuse, par vous, retrouve ses beaux jours !

ARGIRE et ORBASSAN.

Abjurons d'une ame sincère
Toute haine et toute colère;
Par cette alliance prospère,
Notre gloire enfin renaîtra :
Et, forte d'un nœud salutaire,
Syracuse triomphera.

ARGIRE, seul.

Plus de querelles.

LE CHOEUR.

Nous le jurons.

ARGIRE.

Mort aux rebelles !
Vous combattrez les infidèles.

LE CHOEUR, vivement.

Oui, oui, nous combattrons;
Nous le jurons.

ARGIRE et ORBASSAN.

Quelle est douce l'alliance
Qui termine nos débats !

LE CHOEUR.

Pour nous renaît l'espérance :
Marchons avec confiance,
Et cherchons la victoire au milieu des combats.

ARGIRE.	ORBASSAN.
Qu'elle est douce l'alliance	Qu'elle est douce l'alliance
Qui termine nos débats!	Qui termine nos débats!
Mon cœur s'ouvre à l'espérance:	Mon cœur s'ouvre à l'espérance:
Vous vaincrez dans les combats,	Je vaincrai dans les combats,
Oui, vous vaincrez dans les combats.	Oui, je vaincrai dans les combats.

LE CHOEUR.

Comptez sur notre vaillance ;
Nous vaincrons dans les combats.

Marchons avec confiance :
La gloire suit toujours qui brave le trépas.

(*Les femmes sortent avec le peuple.*)

ARGIRE.

Nobles chevaliers, notre liberté est menacée par les Césars de Bizance et les Sarrazins : profitons de la mésintelligence qui vient d'éclater entre ces deux rivaux redoutables ; qu'un effort généreux nous délivre enfin des barbares qui dévastent nos campagnes. (*A Orbassan.*) Orbassan, le salut de la patrie est entre nos mains : trop long-temps la haine divisa nos familles ; Syracuse fut témoin de nos sanglantes querelles ; chefs de l'état tous deux, si nous voulons le sauver, réservons pour les Musulmans notre haine et notre courage, au lieu de nous affaiblir par des discordes civiles. Votre hymen avec ma fille scellera l'union qui doit régner désormais entre nous.

ORBASSAN.

Argire, j'accepte avec enthousiasme la noble alliance que vous me proposez ; elle remplit les vœux de mon cœur : en quittant les autels où je vais recevoir la main d'Aménaïde, fier du titre de son époux, je marche contre Solamir, et le jour de mon bonheur sera celui de sa défaite. Employons tous les moyens pour soustraire notre patrie au sort qu'on lui destine ; Tancrède compte encore quelques partisans dans cette ville ; son père, l'orgueilleux Couci, rejeton de ces étrangers qui débarquèrent jadis sur nos rivages, s'éleva par la faveur du peuple ; il osa nous imposer des lois : l'exil fut le juste prix de son ambition. Il n'est plus, mais les brillantes qualités que nous admirions en lui sont aussi le partage de Tancrède : élevé loin de ces murs, le bruit de ses exploits, parvenu jusqu'à nous, doit nous faire craindre sa vengeance ; rétablissons le décret du sénat qui punit de mort tout citoyen qui oserait entretenir avec nos ennemis des intelligences fatales à Syracuse. Nous ne devons épargner ni le sexe ni l'âge.

ARGIRE.

Que la loi reprenne sa vigueur ; dans les circonstances où nous nous trouvons, la fermeté est une vertu nécessaire.

ORBASSAN.

Tancrède, esclave des Césars de Bizance, pourrait peut-être conserver l'espoir de revenir aux lieux qui l'ont vu naître ; que l'arrêt qui proscrivit son père lui soit applicable, et que ses biens deviennent la propriété de l'état.

ARGIRE.

Cette décision est rigoureuse ; mais l'intérêt commun l'emporte, et je cède. Hâtons le nœud qui doit vous unir à ma fille. Orbassan, vous avez à venger l'injure de la patrie et la vôtre ; Solamir, cet infidèle, n'a-t-il pas osé demander la main d'Aménaïde ? (*Aux chevaliers.*) Braves chevaliers, choisi par vous pour défendre nos remparts, je remets le commandement de l'armée à ce jeune héros ; il dirigera votre vaillance, et j'applaudirai à vos exploits. (*A Orbassan.*) Aménaïde est instruite de mes projets, elle vient ; Orbassan, suivez-moi, je vous présenterai à ma fille après avoir donné quelques ordres pour la sûreté de la place.

(Il sort avec Orbassan et les chevaliers.)

SCÈNE II.

CHOEUR.

De la lumière
Le Dieu prospère
Donne à la terre
Le plus beau jour.
Que l'allégresse
Partout renaisse ;
Avec ivresse
Fêtons l'amour !

SCÈNE III.

AMÉNAÏDE, ISAURE, CHOEUR.

LE CHOEUR, à *Aménaïde.*

Fille d'Argire,
Tout va sourire

Au doux empire
De vos attraits.
Quelle journée
Plus fortunée !
Votre hyménée
Nous rend la paix.

AMÉNAIDE.

RÉCITATIF.

Vous que mon sort intéresse,
Que j'aime vos soins touchans !
Je souris à votre ivresse,
Je vous rends votre tendresse,
Mon cœur se plait à vos chants.

CAVATINE.

(A part.)
Guerrier, dont je pleure l'absence,
En vain une injuste puissance
De mon cœur voudrait te bannir ;
Tu reviendras un jour me rendre ta présence :
Rien ne pourra nous désunir.

CHOEUR.

Bénissons cette journée
Qui vient combler tous nos vœux ;
Que l'autel de l'hyménée
Reçoive leurs doux aveux ;
Que leur chaîne fortunée
Assure le repos de nos derniers neveux.

(Aménaïde fait un signe, et sa suite se retire.)

AMÉNAIDE, *à Isaure.*

Il est donc enfin résolu cet hymen fatal ! mais il ne s'accomplira pas ; non, ma chère Isaure, je ne consentirai jamais à devenir l'épouse d'Orbassan.

ISAURE.

Que ne puis-je alléger vos peines ! Élevée près de vous,

je vous suivis à Bizance lorsque vous y cherchâtes un asile. C'est alors que le jeune Tancrède parvint à vous plaire : il brillait de tout l'éclat que lui donnaient son nom, sa jeunesse et sa valeur. Cet amour croissait sous les yeux de votre mère qui se plaisait à encourager des espérances qui furent de courte durée. Avec sa mort commencèrent tous vos malheurs : Argire nous rappella ; il veut aujourd'hui vous donner pour époux le persécuteur de votre amant.

AMÉNAIDE.

On le dépouille de ses biens, on le proscrit ; mais chaque nouvel outrage le grave plus profondément dans mon âme. Il est regretté à Syracuse : s'il arrivait en ces lieux, crois-tu que le peuple...

ISAURE.

Le peuple a gardé son souvenir.

AMÉNAIDE.

Eh bien ! je ne puis te cacher plus long-temps mon secret : apprends que ce Tancrède, ce héros qu'ils ont exilé, n'est pas loin de ces lieux, Isaure : il est dans Messine.

ISAURE.

Dans Messine ! et qui vous apporta cette nouvelle ?

AMÉNAIDE.

Un esclave dévoué qui a su pénétrer parmi nous sans éveiller les soupçons. Je veux le charger d'un billet pour son maître.

ISAURE.

A quels dangers vous vous exposez !

AMÉNAIDE.

Qu'importe les dangers s'ils viennent de mon amour ? (*Elle tire la lettre de son sein.*) Voici ma lettre : l'esclave est là, il m'attend. Nous sommes seules, qu'il vienne.

ISAURE.

Je n'ose vous blâmer, mais je tremble en vous obéissant.
(*Elle va à la coulisse et amène l'esclave.*)

AMÉNAIDE, *à l'esclave.*

Fidèle esclave du noble chevalier qui t'envoya vers moi,

porte-lui cette lettre; quels que soient les périls que tu puisses courir, ne révèle à personne le but de ton voyage. Va, pars; des récompenses, la liberté, seront le prix de ton zèle.

(L'esclave sort.)

ISAURE.

Puisse sa fidélité ne pas tromper votre espoir !

AMÉNAIDE.

Accompagne ses pas et conduis-le hors de la ville par des sentiers secrets.

(Isaure sort).

SCÈNE IV.

AMÉNAIDE, CHEVALIERS, *et ensuite* ARGIRE; ÉCUYERS *d'Argire.*

CHOEUR DE CHEVALIERS.

D'un jour si beau consacrons la mémoire;
Repoussons loin de nous un farouche ennemi.
Au seul nom d'Orbassan, si cher à la victoire,
Le fier Solamir a frémi.

ARGIRE.

RÉCITATIF.

Tancrède de nos murs est proscrit à jamais.
Ton amour est sans espérance ;
Tu ne peux d'Orbassan refuser l'alliance :
Ma fille, cet hymen qui comble mes souhaits
Va devenir pour nous le gage de la paix.

AIR.

Bannis la chimère
Qui trouble ton cœur ;
Ta gloire m'est chère :
Écoute l'honneur.
Tu dois croire un père
Qui veut ton bonheur.

Je brise ta chaîne ;
Oublie en ce jour
L'objet de ma haine
Et de ton amour.
Détruis l'espérance
Dont il s'est flatté,
Ou crains la vengeance
D'un père irrité.

O fille trop chère,
De l'honneur sévère
Que la voix t'éclaire !
Sois digne de nous :
Des mains de ton père,
Accepte un époux.

ARGIRE.	LE CHOEUR.
O fille chérie !	
Suis l'ordre du ciel ;	
Ton père t'en prie :	Un père vous prie,
Marchons à l'autel.	Venez à l'autel.
Viens prononcer un serment solennel.	
Marchons à l'autel.	

AMÉNAIDE.

Ah ! mon père, aurais-je jamais cru qu'Orbassan dût un jour devenir votre fils ? N'est-ce pas lui qui nous força de quitter nos foyers ? N'était-il pas à la tête de la faction qui nous persécutait ? Quand vous me rappelâtes auprès de vous, aurais-je pu prévoir que ce jour deviendrait pour moi le plus affreux de la vie ?

ARGIRE.

Ma fille, nous devons sacrifier à la patrie nos plus chères affections ; j'ai oublié les torts d'un guerrier recommandable par ses exploits, et qui, jadis mon rival, est aujourd'hui mon ami.

AMÉNAIDE.

Et le persécuteur de Tancrède.

ARGIRE.

Nous punissons dans Tancrède l'héritier d'une race étrangère, odieuse à Syracuse. Il a servi Bizance : il est exilé pour jamais.

AMÉNAIDE.
Pour jamais! Ah! mon père!

ARGIRE.
C'est assez, Aménaïde! le salut de l'état et mon bonheur dépendent de votre obéissance.

AMÉNAIDE.
Seigneur, attendez quelques jours encore, je vous en supplie.

ARGIRE.
Tout délai est maintenant impossible.

AMÉNAIDE.
Vous m'avez choisi un époux que je ne puis aimer. De grâce...

ARGIRE.
Ma parole est donnée : il faut qu'aujourd'hui cet hymen s'accomplisse.

AMÉNAIDE, *aux chevaliers.*
Chevaliers, je le jure devant vous, je ne serai jamais l'épouse d'Orbassan; je perdrai plutôt la vie.

SCÈNE V.

LES MÊMES, ORBASSAN, ÉCUYERS, PEUPLE.

ORBASSAN, *qui a entendu les derniers mots.*
Perfide, vous périrez, mais d'une mort ignominieuse.
(Étonnement général.)

FINALE.

ARGIRE.
O ciel! que dites vous?

AMÉNAIDE.
   Je tremble!

ISAURE.
      Je frissonne!

ORBASSAN, à *Argire.*

Un crime affreux est tracé de sa main.
Son esclave, arrêté par mon ordre en chemin,

(Il lui remet la lettre d'Aménaïde.)

Portait à Solamir l'écrit qui vous étonne.
Un glaive l'a frappé soudain.
Lisez, malheureux père,
Lisez, vous frémirez d'horreur.

ARGIRE, *à part.*

Quelle affreuse lumière
A passé dans mon cœur!

(Il lit :)

« A former un hymen on prétend me contraindre :
« Viens, ô noble guerrier! toi qui reçus ma foi,
« Tes ennemis doivent te craindre ;
« Viens régner sur eux et sur moi. »

TOUS ENSEMBLE.

AMÉNAÏDE, *à part.*	ISAURE.
Ma tendresse est mon seul crime ;	Sa tendresse est son seul crime ;
Je n'ose plaindre mon sort,	Hélas! que je plains son sort!
Et je vais subir la mort :	Elle va subir la mort :
De l'amour je suis victime.	De l'amour elle est victime.
Faut-il que le supplice imprime	Faut-il que le supplice imprime
Le déshonneur à mon front!	Le déshonneur à son front!
Pour mon père quel affront!	Pour son père quel affront!
ARGIRE.	ORBASSAN.
Malheureuse! subis ton sort;	Perfide! subis ton sort;
Notre loi demande la mort.	La loi demande la mort.
Devais-tu commettre un tel crime?	Puisque tu commis ce crime,
Faut-il que ton supplice imprime	Qu'un juste supplice imprime
Le déshonneur à mon front?	Le déshonneur à ton front!
Pour ton père quel affront!	Il vengera notre affront.
Lorsqu'au lieu d'une fête,	Au lieu de cette fête,
Gage d'un heureux sort,	Gage d'un heureux sort,
Le bûcher qui s'apprête	Le bûcher qui s'apprête
Doit éclairer ta mort.	Éclairera ta mort.

LES DEUX ÉCUYERS.	LE CHOEUR.
De l'amour elle est victime :	
Sa tendresse est son seul crime.	
Faut-il que la mort imprime	
Le déshonneur à son front!	
Pour son père quel affront!	
De l'amour elle est victime;	De l'amour elle est victime;
La loi demande sa mort :	La loi demande sa mort :
Je plains son sort.	Je plains son sort.

AMÉNAIDE.

Mon père!

ARGIRE.

Ah! ne crois pas jamais fléchir ton père!
Tout redouble ma colère.
Sans déplorer ton trépas,
Insensible à ta prière,
Je te repousse de mes bras.

ISAURE, *à Argire*.

Votre fille est innocente;
Voyez son désespoir, ses pleurs :
Quittez cette voix menaçante.
Mettez un terme à ses douleurs.

ORBASSAN, *à Aménaïde*.

Vous avez trahi Syracuse ;
Rien ne pourra nous attendrir :
Un tel crime n'a pas d'excuse,
Et le trépas doit vous flétrir.

AMÉNAIDE, *à Argire*.

Le trépas remplit mon attente;
Mais votre fille est innocente :
Oui, je le jure à vos genoux.
Condamnez-moi; mais croyez-moi, mon père,
Que ma prière

2

Désarme enfin votre courroux.
Oui, je le jure à vos genoux,
La fille qui vous était chère,
Mon père, est digne encor de vous.

LE CHOEUR.

Votre crime est sans excuse :
Cette lettre vous accuse.
Si jeune, hélas ! quel triste sort
A trompé notre espoir et vous livre à la mort ?

QUATUOR.

AMÉNAIDE, à part.	ISAURE, à part.
De la terre puissant juge.	De la terre puissant juge,
Qui peux lire dans mon cœur,	Qui peux lire dans son cœur,
Ta justice est mon refuge ;	Ta justice est son refuge ;
Mets un terme à ma douleur.	Mets un terme à sa douleur.
ARGIRE, à part.	ORBASSAN, à part.
Je suis père, je suis juge ;	Perfide ! crains ma fureur !
L'espérance fuit mon cœur.	La vengeance est dans mon cœur.

LE CHOEUR.

Vengeance !
Il faut la punir.

AMÉNAIDE.

Plus d'espérance !
Mon sort ne peut les attendrir.

ENSEMBLE.

AMÉNAIDE, à part.

Plus d'espérance !
Ah ! leur vengeance
Me fait trembler !
Mais je ne veux rien dévoiler.

ISAURE, *à part.*

Plus d'espérance !
Ah ! leur vengeance
Me fait trembler !
Quelle douleur vient m'accabler !

ARGIRE, *à part.*

Plus d'espérance !
Quelle souffrance
Vient m'accabler !
Son triste sort me fait trembler.

ORBASSAN, *à part.*

Plus d'espérance !
Elle est coupable et doit trembler.

ENSEMBLE GÉNÉRAL.

AMÉNAIDE, *à part.*

Dans mon cœur quel trouble extrême !
Je touche à l'heure suprême,
Et malgré moi je frémis.
Ah ! quelle affreuse journée !
Que je suis infortunée !
Quand je te suis destinée,
Cher Tancrède, je péris.
Dieu, qui vois mon innocence,
Adoucis mon triste sort.
Il n'est donc plus d'espérance !
Devant moi je vois la mort.

ISAURE, *à part.*

Ah ! pour elle je frémis !
Dans cette affreuse journée,
Que je plains l'infortunée !
Sur son destin je gémis.
Dieu, qui vois son innocence,
Adoucis son triste sort.
N'est-il donc plus d'espérance ?
Doit-elle subir la mort ?

ORBASSAN, *à part.*

Mon trouble est extrême :
Je sens que je l'aime,
Et malgré moi je frémis.
Dans cette affreuse journée
Le flambeau de l'hyménée
S'éteint pour l'infortunée
Qui trahissait son pays.
C'en est fait, point de clémence :
Elle subira son sort.
Elle va marcher à la mort.

ARGIRE, *à part.*

Dans mon cœur quel trouble extrême !
Voici son heure suprême,
Ah ! pour elle je frémis !
Dans cette affreuse journée
Le flambeau de l'hyménée
S'éteint pour l'infortunée
Qui trahissait son pays.
C'en est fait, plus d'espérance :
Elle subira son sort.
Elle va marcher à la mort.

CHOEUR ET LES DEUX ÉCUYERS.

Dans mon cœur quel trouble extrême!
Voici son heure suprême.
Ah! pour elle je frémis!
Dans cette affreuse journée
Le flambeau de l'hyménée
S'éteint pour l'infortunée
Qui se joint aux ennemis.
C'en est fait : point de clémence!
Elle subira son sort ;
Elle va marcher à la mort.

FIN DU PREMIER ACTE.

ACTE DEUXIÈME.

Le Théâtre représente une partie du parc d'Argire : on voit, d'un côté, son palais; au fond, en face, le rivage d'un bras de mer qui en baigne les murs.

SCÈNE PREMIÈRE.

(Pendant la ritournelle, un esquif s'approche du rivage, Tancrède et Roger en descendent; ils observent partout : deux autres écuyers portent les armes du chevalier; il donne des ordres à Roger, qui sort pour les exécuter; les autres écuyers le suivent en emportant les armes de leur maître. Tancrède reste seul en scène.)

TANCRÈDE.

RÉCITATIF.

O patrie !
Douce, mais ingrate patrie,
Je revois ta rive chérie !
Salut, noble séjour
Où mes aïeux sont morts, où j'ai reçu le jour !
En moi je trouve un nouvel être.
Ah ! que cet air est pur ! oui, je me sens renaître.
Aménaïde, objet de mon ardeur,
Quel doux espoir s'empare de mon cœur !
Peut-être un jour Tancrède, absous par la Victoire,
Viendra mettre à tes pieds son amour et sa gloire.

AIR.

Tendre amour ! noble flamme !
Tendre amour, tu remplis mon âme;
Ton feu m'agite : il m'enflamme,
Il m'enivre de bonheur.
Oui, ce bras sera vainqueur.

CAVATINE.

Douce espérance !
Plus de souffrance !
Que sa constance
Comble mes vœux !
Que sa présence
Charme mes yeux !

Aménaïde ! objet de tous mes feux,
Mon ame fidèle
Sans cesse l'appelle.

Douce espérance, etc.

SCÈNE II.

TANCRÈDE, ROGER.

TANCRÈDE, *courant au-devant de lui.*

Cher ami, l'as-tu vue ? conduis-moi vers elle.

ROGER.

De grâce, abandonnez ces funestes lieux.

TANCRÈDE.

O ciel ! que me dis-tu ?

ROGER.

Portez ailleurs votre courage.

TANCRÈDE.

Explique-toi : que fait Aménaïde ?

ROGER.

Oubliez-la, seigneur, elle allait être unie à Orbassan.

TANCRÈDE.

A Orbassan !

ROGER.

Lorsque l'on a découvert qu'elle vous trompait tous deux.

TANCRÈDE.

Pour qui ?

ROGER.

Pour l'oppresseur de notre patrie.

TANCRÈDE, *vivement.*

Solamir ! non, je ne puis le croire : suis-moi, je veux m'en assurer.

ROGER.

Arrêtez ! sachez qu'un écrit de sa main a dévoilé son crime, et la loi la condamne.

TANCRÈDE, *avec désespoir.*

Aménaïde !

ROGER.

J'aperçois le malheureux Argire, il paraît plongé dans la douleur ; évitons sa présence.

TANCRÈDE.

Que je le plains !

(Ils se retirent au fond du théâtre.)

SCÈNE III.

TANCRÈDE, ROGER, *au fond*; ARGIRE ET SES ÉCUYERS.

ARGIRE, *à ses écuyers.*

Je n'ai plus d'espoir ; cet Orbassan, à qui je destinais ma fille, a demandé à soutenir son accusation par le combat singulier : le sénat y a consenti, et si avant la fin du jour aucun chevalier ne se présente pour la défendre, la malheureuse Aménaïde sera conduite à la mort.

TANCRÈDE, *à Roger.*

Elle ne périra pas.

ARGIRE.

Mon Dieu ! si une vie sans tâche n'a pas mérité ce châtiment sévère, protège les armes du guerrier qui combattra pour elle..... Mais où m'emporte un vain espoir ! quel chevalier osera soutenir sa cause lorsqu'elle est sans remords pour son crime ? (*A part.*) Non, je ne croirai jamais que ma fille ait pu enfreindre nos lois en faveur d'un infidèle ; mais l'esclave qui portait sa lettre a été tué auprès du camp de Solamir, et Tancrède est à Bizance! que dois-je penser?

TANCRÈDE, *à Roger*.

Approchons.

ARGIRE, *les voyant*.

Quel est cet étranger?

(Il s'avance vers Tancrède.)

TANCRÈDE.

Je désire de vous un moment d'entretien.

(Argire fait un signe à ses écuyers de se retirer ; Roger sort avec eux.)

SCÈNE IV.

ARGIRE, TANCRÈDE.

RÉCITATIF.

TANCRÈDE.

Seigneur, je suis un chevalier
Qui contre le Croissant déploya son courage,
Et je venais sur ce rivage
Conquérir un nouveau laurier.
Je venais vous offrir le secours de mes armes;
Mais, instruit de votre malheur,
Auprès de vous je sens couler mes larmes.

ARGIRE.

Chevalier, vous touchez mon cœur ;
Vous seul partagez mes alarmes.

TANCRÈDE, *lui prenant la main*.

Argire! Argire!

ARGIRE.

Seigneur!
Qui peut vous engager à plaindre à ma douleur?
Argire est malheureux, et chacun le délaisse.

DUO.

ARGIRE.

Votre cœur s'intéresse
A mon triste abandon ;
Mais quel motif vous presse ?

TANCRÈDE.

Je dois taire mon nom.
Du sort la loi sévère
Me défend de parler.
Mais lorsque ce mystère
Pourra se dévoiler,
Du poids de votre colère
Ne venez pas m'accabler.

ARGIRE.

Expliquez-vous ? (*A part.*) Ah ! quel mystère !

TANCRÈDE.

Non, non, Seigneur, je dois me taire.
Mais votre fille ?

ARGIRE.

      Elle marche à la mort.

TANCRÈDE.

A-t-elle mérité son sort.

ARGIRE.

L'ingrate a mérité son sort.

TANCRÈDE.

Pour vous, je l'arrache à la mort.

ARGIRE, *étonné.*

Qui ? vous ! la soustraire à la mort.

ARGIRE.	TANCRÈDE.
Si de votre vaillance	Pour vous je l'arrache à la mort,
Le ciel remplit l'espoir,	Et si de ma vaillance
Quelle reconnaissance	Le ciel remplit l'espoir,
Mon cœur va vous devoir !	Je veux, pour récompense,
Puisque vous prenez sa défense,	M'éloigner sans la voir.
Je puis me livrer à l'espoir.	Pour vous seul je prends sa défense.
	Non, je ne veux jamais la voir.

(Bruit de trompettes.)

ARGIRE.	TANCRÈDE.
La lice est ouverte. (A part.) Il combattra pour mon honneur. (A Tancrède.) La gloire vous est offerte; Partez, le ciel soutiendra votre ar- [deur.	La lice est ouverte. (A part.) Je combattrai mon oppresseur. Vengeance, tu m'es offerte; T'a flamme vient redoubler ma fu- [reur.
(A part.) J'ai l'assurance De son assistance, Et l'espérance Ranime mon cœur. J'ai confiance En sa vaillance ; Ce héros nous rendra l'honneur :	Ah! la vengeance Ranime mon cœur. (A Argire.) J'ai l'espérance Que ma vaillance En ce jour vous rendra l'honneur; Qu'il redoute ma fureur. Ah! la vengeance Ranime mon cœur.
J'ai confiance, etc.	J'ai l'espérance, etc.

Le Théâtre change et représente la place publique.

SCÈNE V.

AMÉNAIDE, CHŒUR DE FEMMES DE SA SUITE, QUATRE GARDES, MARCHE ET CHŒUR.

CHŒUR.

Il faut qu'elle subisse
L'arrêt de la justice;
Il faut qu'elle périsse :
Elle marche à la mort.
Hélas! je plains son sort.

AMÉNAIDE.

Déjà ma mort s'apprête ;
La glaive est sur ma tête :

Le supplice m'attend.
Pour toi je perds la vie;
Mais, au dernier moment,
Ton image chérie
Adoucira l'horreur de mon tourment.

SCÈNE VI.

LES PRÉCÉDENS, ARGIRE, TANCRÈDE.

ARGIRE, *à Tancrède, en entrant.*

Généreux inconnu, suivez-moi, il faut que je lui parle encore.

TANCRÈDE, *à part.*

Quel moment!

(Il se tient à l'écart de manière à n'être pas vu d'Aménaïde; lorsqu'Argire s'approche d'elle, elle se lève.)

ARGIRE.

Ma fille, l'instant fatal approche; il n'est plus temps de déguiser la vérité: si tu es inocente, pourquoi t'exposer aux chances d'un combat douteux? si ta faute est digne de pardon, pourquoi n'avoir pas cherché à te défendre devant le sénat?

AMÉNAIDE, *avec énergie.*

Mon père! vous me croyez coupable! que le ciel juge entre vous et moi; je vous ai désobéi, parce que vous aviez forcé mes vœux; j'ai offensé Orbassan qui voulait asservir mon cœur: si ces crimes méritent la mort, frappez, je me soumets. Mais, vous, mon père, deviez-vous être mon juge?

ARGIRE.

Ma fille!

AMÉNAIDE.

De grâce, écoutez-moi. (*A part.*) Ciel! que vois-je à ses côtés?

TANCRÈDE, *à part.*

Ma présence est un reproche pour elle.

AMÉNAIDE, *à part.*

Si je dis un seul mot, il est perdu.

ARGIRE, *voyant son trouble.*

Ne crains rien de cet étranger, il vient défier ton accusateur.

AMÉNAIDE, *avec joie.*

Ciel! je te remercie.

TANCRÈDE, *froidement.*

C'est pour votre père que je vais combattre.

AMÉNAIDE, *à part.*

Me croirait-il coupable? (*Haut à Argire.*) Mon père, puis-je parler un instant à ce chevalier?

ARGIRE.

La loi l'autorise. (*A Tancrède.*) Seigneur, je vous laisse avec elle. (*A sa fille.*) Je vais prévenir le sénat qu'un inconnu prend ta défense.

(Il sort.)

SCÈNE VII.

TANCRÈDE, AMÉNAIDE, *Gardes au fond.*

AMÉNAIDE.

Ah! Tancrède! devais-je vous revoir dans un tel moment? Mais quel accueil glacé! Vous ne répondez pas?

(Elle s'approche de lui.)

RÉCITATIF.

TANCRÈDE.

Infidèle! éloigne-toi.

AMÉNAIDE.

Ah! si je vous fus chère,
De grâce! écoutez-moi.

TANCRÈDE.

Je sais tout de ton père ;
Tu trahissais ta foi
Quand je venais me réunir à toi.
Adieu ! je dois fuir ta présence :
Je combattrai pour ta défense.
Si mon bras est victorieux,
Alors je quitterai ces lieux.

DUC.

C'en est fait, l'honneur me l'ordonne.
Avant de fuir, je te pardonne,
A tes remords je t'abandonne.
Ton regard séduisant
Sur moi, dans ce moment,
Perd sa douce influence ;
Réserve sa puissance
Pour ton nouvel amant.

AMÉNAIDE.

Vous me croyez parjure ;
De grâce, écoutez-moi :
Mon cœur, je vous le jure,
Vous a gardé sa foi.

ENSEMBLE.

TANCRÈDE.	AMÉNAIDE.
Trahir un cœur si tendre !	Il ne veut pas m'entendre !
Ton crime est avéré.	Mon cœur est déchiré.
(A Aménaïde.)	
Tu ne peux rien apprendre	Ah ! devais-je l'attendre
A ce cœur déchiré.	D'un amant adoré ?
Tes pleurs et ton regard tendre	Il refuse de m'entendre ;
Sur moi n'ont aucun pouvoir :	Je n'ai plus aucun espoir :
Oui, je refuse de t'entendre ;	Il méconnaît un cœur trop tendre,
Adieu ! je ne veux plus te voir.	Et ma voix ne peut l'émouvoir.

(*Tancrède va pour sortir.*)

SCÈNE VIII.

LES PRÉCÉDENS, ARGIRE, CHOEUR.

ARGIRE, *arrêtant Tancrède.*

Où courez-vous, seigneur ?

TANCRÈDE.

Je vais chercher Orbassan.

ARGIRE.

Il suit mes pas. (*A Aménaïde.*) Et toi, as-tu confié à notre défenseur le secret que tu t'obstines à cacher ? Puis-je encore te nommer ma fille ?

AMÉNAÏDE.

Mon père, l'honneur me prescrit le silence. Et je préfère la mort la plus cruelle à la honte de dévoiler ce mystère.

TANCRÈDE, *à Argire.*

Vous l'entendez ?

ARGIRE.

Fille coupable, redoute ma malédiction.

AMÉNAÏDE.

Lorsqu'un jour vous connaîtrez mon innocence, vous gémirez de m'avoir soupçonnée.

SCÈNE IX.

LES PRÉCÉDENS, ORBASSAN, *suivi de guerriers.*

FINALE.

ORBASSAN, *à Aménaïde.*

Quel est l'audacieux qui prend votre défense ?

TANCRÈDE.

Le voici devant toi : ton injuste puissance
D'Aménaïde en vain réclame le trépas.

J'atteste ici son innocence :
J'en jure par mon glaive, elle ne mourra pas.

ORBASSAN.

Je ris de ta folle menace.
Eh quoi ! tu m'oses défier !
J'ai peine à croire à tant d'audace.

TANCRÈDE.

Viens, c'est à la victoire à la justifier.
(Il jette son gant.)
Orbassan, du combat je te jette le gage ;
Oseras-tu le relever ?

ORBASSAN.

Inconnu, jusqu'à moi je veux bien t'élever.
(Il fait signe de relever le gant.)
Mon bras saura punir cet orgueilleux langage.

AMÉNAIDE.

Enfin mon cœur espère,
Le sort contraire
Cesse de m'accabler.
Non, non, je ne dois plus trembler.

ARGIRE, à part.

Peut-être en sa colère
Le ciel veut m'éprouver ;
Mais, je l'espère,
Ce héros va la sauver.

AMÉNAIDE.

Mon père !

ORBASSAN.

Quel outrage.

ARGIRE, à Tancrède.

Bientôt par ton courage
Guerrier, tu vaincras.

AMÉNAÏDE.

J'attends mon salut de son bras.

TANCRÈDE, à Orbassan.

Je venge son outrage.

ARGIRE, à Aménaïde.

Son généreux courage
Vengera ton outrage.

TANCRÈDE, à Orbassan.

Suis-moi, l'honneur l'ordonne,
Il nous dicte sa loi.

ORBASSAN.

Ton audace m'étonne.

AMÉNAÏDE.

Je tremble malgré moi.

ARGIRE.

O fille encore trop chère !
Pour toi mon cœur espère,
Et ce jeune guerrier
Par le combat va te justifier.

LE CHŒUR, aux guerriers.

Vengez votre querelle,
Le clairon vous appelle,
La lice vous attend.

TANCRÈDE ET ORBASSAN.

Le clairon nous appelle,
La lice nous attend.

AÉMNAIDE, à part.

Ah ! quel affreux moment !

ENSEMBLE GÉNÉRAL.

AMÉNAÏDE, à Orbassan.

Crains le bras qui prend ma défense.

LE CHOEUR.

La trompette nous appelle ;
Guide-nous au champ d'honneur.

TANCRÈDE, *à part.*

Peine cruelle !
Plus de bonheur !
Ah ! l'infidèle
Brise mon cœur.
C'en est fait, je m'éloigne d'elle,
Je ne puis braver sa douleur.

LE CHOEUR.

Viens, la gloire nous appelle.

TANCRÈDE.

Oui, la gloire nous appelle.

CHOEUR.	TANCRÈDE.
Jeune héros, viens, que ton bras Nous guide au milieu des combats.	
	(A part.) Peine cruelle ! Plus de bonheur ! Ah! l'infidèle Brise mon cœur ! C'en est fait, je m'éloigne d'elle : Je ne puis braver sa douleur.
Dans les combats, viens chercher la [victoire, Que ta vaillance assure notre gloire. Marchons, marchons, guide nos pas Dans les combats.	La gloire ! Nous l'obtiendrons dans les combats. Marchons, marchons, suivez mes pas, Suivez mes pas.

(*Ils sortent et laissent Aménaïde seule.*)

SCÈNE IV.

AMÉNAIDE, *seule.*

Il fuit sans vouloir m'entendre. Que faire ? tout avouer à mon père ? mais ne précipitons rien, un mot peut encore compromettre l'existence de Tancrède. Le sénat vient de

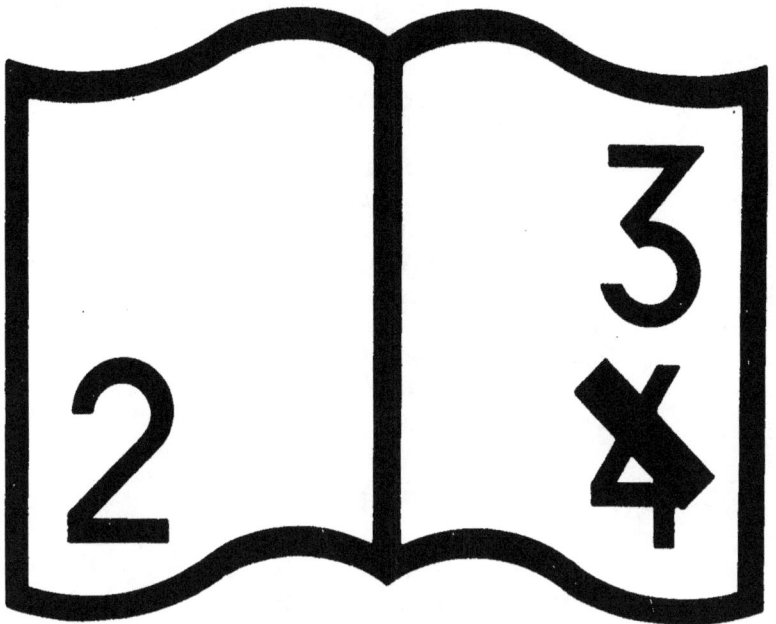

Pagination incorrecte — date incorrecte

lui accorder une faveur éclatante sans le connaître. Mais si le succès couronne son dévouement, je pourrai proclamer son nom sans crainte. Dieu puissant! tu feras triompher ce héros; tu dois ton appui au bras qui a prouvé ta justice en m'arrachant à la mort.

RÉCITATIF.

Ciel! protège ses armes,
Il fuit loin de mes yeux,
Prends pitié de mes larmes.
Fais que son bras victorieux
Éloigne de nos murs le Maure audacieux.
Dieu de clémence, exauce ma prière!
Fais qu'il m'entende à son retour!
Oui, c'est en toi seul que j'espère,
Fais qu'il me rende son amour!

AIR.

D'un héros soutiens la vaillance,
Guide son bras, guide sa lance:
Je t'implore pour mon vengeur,
Ah! que Tancrède soit vainqueur,
Et qu'il apprenne enfin que je chéris encore
L'ingrat qui douta de mon cœur!
(Bruit de guerre derrière le théâtre; elle court vers le fond.
Mais qu'entends-je?... quelle rumeur!
(Elle écoute.)
Je tremble, hélas! notre sort se décide.

CHOEUR, *dans la coulisse.*

Victoire! victoire! (*Elle écoute.*) Il est vainqueur!

CHOEUR, *idem.*

Vive à jamais ce héros intrépide!

AMÉNAIDE.

Quel doux espoir me ramène au bonheur!

LE CHOEUR.

Honneur! honneur!

AMÉNAIDE.

Plus de terreur!
Tout me rassure.

LE CHOEUR, *entrant sur la scène.*

A jamais ce triomphe assure
Notre repos.

AMÉNAIDE.

Et le vainqueur!

CHOEUR D'HOMMES.

La gloire l'environne.

CHOEUR DE FEMMES.

Nous tresserons une couronne
Pour le front de ce héros.

AMÉNAIDE.

AIR.

Ah! l'objet de ma tendresse
En ces lieux revient vainqueur;
De l'amour je sens l'ivresse,
Je vais renaître au bonheur.

CHOEUR.

Livrons-nous à l'allégresse,
Célébrons notre bonheur.
Il a rempli sa promesse:
Ce guerrier revient vainqueur,
Rendons hommage à sa valeur.

AMÉNAIDE, *avec le chœur.*

Ah! je vais renaître au bonheur;
Mon amant revient vainqueur,

Je vais renaître au bonheur ;
Rendons hommage à sa valeur.

LE CHOEUR.

Ce héros revient en vainqueur ;
Rendons hommage à sa valeur.

SCÈNE V.

LES PRÉCÉDENS, ARGIRE.

ARGIRE.

Ah ! ma fille, l'armée des Sarrazins fuit de toutes parts ; c'est envain que Solamir a voulu résister : il est tombé sous les coups de notre vaillant défenseur ; mais ce guerrier refuse de se faire connaître et veut s'éloigner de nos murs.

AMÉNAIDE.

Il partirait sans me voir ! Mon père, le moment est arrivé de vous ouvrir mon cœur. (*Mouvement de joie et de surprise d'Argire.*) Pouviez-vous penser que j'eusse pu entretenir des intelligences criminelles avec les ennemis de l'état ? Non, mon père ; celui à qui ma lettre était adressée, celui qui, me croyant coupable, a défendu ma cause ; celui qui, proscrit par sa patrie, a combattu pour elle, ne pouvait être un autre que Tancrède.

ARGIRE.

Tancrède ! Et c'est lui que nous proscrivions !

AMÉNAIDE,

Pouvais-je le nommer lorsqu'un arrêt de mort subsistait contre lui ? sa victoire l'absout. Il me croit infidèle et refuse de me voir ; mon père, courez vers lui, que votre voix me justifie.

ARGIRE.

Je veux réparer les peines que je t'ai causées. Mais qui vient en ces lieux ? c'est le vainqueur de Solamir au milieu des acclamations du peuple.

Ciel ! daigne me secourir !
Et mon cœur de ses maux perdra le souvenir.

TANCRÈDE ET ORBASSAN.

Je cours à la vengeance ;
Dieu guidera ma lance.
Marchons, la lice va s'ouvrir ;
Viens, viens, suis-moi, tu vas périr.
L'espoir de la vengeance
A mes yeux vient s'offrir :
D'un insolent orgueil mon bras va te punir.

ARGIRE, à part.

O ciel ! prends sa défense !
Daigne la secourir.
Ton arrêt va s'accomplir.
Divine providence,
Daigne la secourir,
Et mon cœur de ses maux perdra le souvenir.

LE CHOEUR.

A leur noble vaillance
La lice va s'ouvrir ;
Le ciel protège l'innocence,
Son arrêt va s'accomplir.
Marchez, braves guerriers, la lice va s'ouvrir.

FIN DU DEUXIÈME ACTE.

ACTE TROISIÈME.

Le Théâtre représente la place d'armes.

SCÈNE PREMIÈRE.

TANCRÈDE, CHOEUR DE GUERRIERS.

CHOEUR.

Tout rend hommage
A ton courage ;
Notre suffrage
Suit le vainqueur !
Mais, ô souffrance !
Ta noble lance
A Syracuse ôte un vengeur.

TANCRÈDE.

Si la patrie
Cherche un vengeur,
Sa voix chérie
Parle à mon cœur,
Et je serai son défenseur.

CHOEUR.

Séchons nos larmes,
Non, plus d'allarmes,
Guide nos armes
Au champ d'honneur.

SCÈNE II.

TANCRÈDE, premier écuyer d'*Argire*.

L'ÉCUYER.

Seigneur, le sénat, affligé de la perte du guerrier qui devait nous défendre, ne peut cependant qu'applaudir à votre courage. Il a pensé que le vainqueur d'Orbassan pouvait seul le remplacer. Je suis chargé de vous transmettre sa décision. Solamir, à la tête de ses troupes, s'avance vers nos remparts : il y trouvera des soldats invincibles, si vous voulez les commander.

TANCRÈDE.

Syracuse réclame le secours de mon bras, je vole à sa défense. (*Aux chevaliers.*) Votre courage me répond du succès.

L'ÉCUYER.

J'aperçois la fille du noble Argire qui vient rendre grâce à son libérateur.

TANCRÈDE.

Aménaïde!... Suivez-moi.

(Il va pour sortir, Aménaïde entre.)

SCÈNE III.

LES MÊMES, AMÉNAÏDE.

AMÉNAIDE.
(Elle cherche à retenir Tancrède.)

RÉCITATIF.

O mon dieu tutélaire ! enfin je vous revoi !

TANCRÈDE.

Fuis de mes yeux, fuis loin de moi ;
L'honneur m'appelle, et je renonce à toi.

AMÉNAIDE.

Ah ! par pitié, daignez m'entendre.

TANCRÈDE.

Pour la première fois tes pleurs sont sans pouvoir.
Si j'ai bravé la mort pour te défendre,
En te sauvant j'ai rempli mon devoir :
De moi tu ne dois rien attendre.

(Aux soldats.)

Au champ d'honneur il faut nous rendre,
Allons combattre Solamir ;
Pour Syracuse il faut vaincre ou mourir.

(Aménaide tend ses mains vers Tancrède, qui lui fait signe qu'il ne veut plus l'entendre.)

AIR.

TANCRÈDE, à *Aménaïde*.

En vain ta voix m'implore,
Rien ne peut m'attendrir ;

(A part.)

Hélas ! je l'aime encore !
Je n'ai plus qu'à mourir.

(Haut.)

Je brise mon esclavage,
Je n'entendrai plus ta voix ;
Ta prière est un outrage,
Et je te vois ici pour la dernière fois.

(A part.)

Elle pleure, dois-je la croire ?
Je sens mon cœur se déchirer.

LE CHOEUR.

Suis la gloire.

TANCRÈDE, *à part.*

Ah ! m'en séparer !

SCÈNE VI ET DERNIÈRE.

LES MÊMES, TANCRÈDE, PEUPLE.

CHOEUR.

Notre patrie
Est affranchie,
Et se confie
A vos exploits;
Notre patrie
Vous remercie,
Vous glorifie
Par notre voix.

TANCRÈDE.

Pour la patrie
J'ai combattu;
Pour la patrie
Mon bras a vaincu :
J'ai, noble Argire, assez vécu.

CHOEUR.

Des mers profondes
Fendez les ondes;
Vers d'autres champs, Maures, courez.
Hordes sauvages,
De vos ravages
Nos beaux rivages
Sont délivrés.

RÉCITATIF.

ARGIRE.

Tancrède!

CHEVALIERS ET PEUPLE.

Tancrède!

ARGIRE.

Oui, mes amis.
Sous un nom inconnu, dans Syracuse admis,

Celui que nous osions proscrire
Nous protégeait par sa valeur.

AMÉNAIDE.

Mets le comble à mon bonheur;
Ah! donne à ton épouse un regard, un sourire.

TANCRÈDE.

Vous, mon épouse! ah! vous m'avez trahi!

AMÉNAIDE.

Moi!

ARGIRE.

Cet écrit fatal, qu'Orbassan a saisi,
Fut pour toi, pour celui qu'elle aime :
Cruellement trompé, je t'ai trompé moi-même.

TANCRÈDE.

Aménaïde! ah! m'accorderez-vous
Le pardon généreux que j'implore à genoux?

FINALE.

ENSEMBLE.

AMÉNAIDE.

Fuyez, jours de tristesse,
L'objet de ma tendresse
Me rappelle au bonheur;
D'une douce allégresse
Je sens battre mon cœur.

ARGIRE.

Argire, avec ivresse,
Bénit votre tendresse :
Venez, que je vous presse
Tous deux contre mon cœur.

TANCRÈDE.

Fuyez, jours de tristesse,
L'objet de ma tendresse
Me rappelle au bonheur;

ISAURE.

Reviens, douce allégresse,
Mon cœur, avec ivresse,
Partage votre bonheur.

LE CHOEUR.

Plus de tristesse :
Nous partageons votre bonheur.

FIN DU TROISIÈME ET DERNIER ACTE.

www.ingramcontent.com/pod-product-compliance
Lightning Source LLC
Chambersburg PA
CBHW070717050426
42451CB00008B/691